DROIT MUSULMAN.

RECUEIL DE LOIS

CONCERNANT

LES MUSULMANS SCHYITES.

TOME PREMIER.

EN VENTE :

CHEZ MAISONNEUVE ET CIE, LIBRAIRES-ÉDITEURS,

QUAI VOLTAIRE, N° 15.

DROIT MUSULMAN.

RECUEIL DE LOIS

CONCERNANT

LES MUSULMANS SCHYITES,

PAR A. QUERRY,

CONSUL DE FRANCE À TÉBRIZ.

TOME PREMIER.

PARIS.

IMPRIMÉ PAR AUTORISATION DU GOUVERNEMENT

A L'IMPRIMERIE NATIONALE.

M DCCC LXXI.

PRÉFACE.

A l'exception des personnes qui se livrent à l'étude des langues et de la civilisation musulmanes, on ignore généralement que les musulmans possèdent des recueils de lois très-complets et très-étendus, et que les traités de jurisprudence composent une des branches les plus importantes de leur littérature. On considère le plus souvent le Korân comme leur unique livre de droit, et l'on s'étonne, avec quelque raison, que des sociétés nombreuses se soient maintenues et se maintiennent encore sans autre code que l'énoncé sommaire, diffus et souvent contradictoire des prescriptions légales que ce livre renferme. Le Korân contient, il est vrai, le germe du droit musulman; mais le défaut de précision et l'absence de tout développement en rendraient l'application fort difficile, sinon impossible.

Dans les années qui suivirent la prédication de l'islamisme, les nouveaux convertis recouraient directement au Prophète et lui soumettaient leurs contestations; les jugements rendus par le fondateur de leur religion, soigneusement recueillis par ses premiers disciples, furent le noyau des recueils qui, augmentés ensuite des décisions judiciaires rendues par chacun des douze *imâms*, seuls légitimes successeurs de Mahomet, selon la croyance schyite, formèrent, sous le titre de *éhâdîs* (traditions), les nombreux volumes de l'ancienne jurisprudence.

La rapide extension de l'islamisme dans des contrées peuplées d'hommes de races et de mœurs diverses fit bientôt naître le besoin de condenser la matière des traditions et de rédiger des codes uniformes, applicables dans tous les pays où dominait la nouvelle religion. La liste des jurisconsultes qui, du IIIe au VIIe siècle de l'hégire, travaillèrent à la rédaction des lois musulmanes schyites, est trop étendue pour être donnée ici. Je me bornerai à citer les plus éminents parmi ces docteurs : le scheikh Mohemmed ebn Mohemmed ebn el-Néémân Abou Abdallah, qui, à cause des nombreux élèves qu'il forma, fut surnommé *El-Mofîd* (ce savant, né en 333 ou 338, mourut en 413, et laissa plus de deux cents traités); le scheikh Mohemmed el-Hassan ebn Ali Abou Djafer el-Toussi, surnommé *le scheikh de la foi imâmite* (c'est sous ce dernier titre qu'il est désigné dans l'ouvrage que j'ai traduit). Ce docteur vécut de 385 à 460; il fut le plus brillant élève du scheikh Mofîd, et laissa de nombreux ouvrages, qui font autorité partout où est professée la foi schyite. On doit citer entre autres l'*Estebsâr*, le *Khélâf vel véfâk* (concordances et divergences), le *Néhâyet fi behr ol-fikh vel ferâyè*, et enfin le *Mébsout*, qui ne contient pas moins de quatre-vingt-un livres de commentaires et de gloses. Nommons encore le scheikh Séyid Mortéza Aboul Kâssem Ali ebn Abi Ahmed el-Hosséini, surnommé *Ebn ol-hédâ* (le drapeau de la voie du salut); il fut aussi l'élève du scheikh Mofîd. Né en 355, il mourut en 436, laissant une fortune immense, un nombre considérable d'ouvrages et de poésies, et une collection de quatre-vingt mille manuscrits. L'auteur, ou plutôt le compilateur dont j'ai traduit l'ouvrage, le scheikh Nedjm ed-dîn Aboul Kâssem Djafer ebn Ali Yahyâ, surnommé *El-Mohekkik*, tient un rang distingué parmi ces illustres interprètes de la loi musulmane. Ce docteur, issu d'une famille de jurisconsultes célèbres, naquit à Hilleh, sur l'Euphrate, en l'an 602 de l'hégire. Jeune encore, il acquit un grand renom par sa science, son esprit et l'étendue de ses connaissances; car il se distingua à la fois comme légiste, orateur, moraliste, poëte et écrivain. On raconte que Khodjè Nassir ed-dìn Toussi, l'astronome fameux et le ministre de Houlagou Khàn, qui accompagnait son souverain lors de la prise de Bagdad, se fit un honneur d'assister à ses leçons, et ne voulut pas céder aux instances du professeur, qui, par déférence, l'invitait à monter en chaire à sa place. El-Mohekkik exerça ses fonctions de magistrat et de professeur jusqu'en 676, époque à laquelle il périt d'une chute qu'il fit de la terrasse de sa maison. Il fut enseveli à Nèdjèf, auprès du tombeau de l'imàm Ali, et une foule immense assista à ses funérailles. Ce savant écrivit, sous le titre de *El-nàfi*, un abrégé des codes; il composa des commentaires sur le code religieux, sur le livre des ventes et le *Nèhàyet* du scheikh Toussi, son illustre prédécesseur; il est aussi l'auteur de dissertations sur les principes de la foi, sur les dogmes fondamentaux de l'islamisme, sur les principes du droit, sur la logique et la philologie, et a laissé quelques volumes de poésie. Mais son principal titre à l'admiration et à la vénération de ses coreligionnaires est sa codification des lois schyites, qui, sous le titre de *Schèràyet ol-islàm fi messaïl ol-hélal vel haràm* (les ordonnances musulmanes sur les points licites et sur les points interdits), est adoptée et sert de règle partout où règne la foi imàmite, et surtout en Perse.

Cet ouvrage est divisé en quatre parties : la première traite des devoirs religieux; la deuxième, des contrats et obligations synallagmatiques; la troisième, des actes unilatéraux, et la quatrième renferme les prescriptions relatives à la chasse, aux aliments, etc., et traite de la pénalité applicable aux crimes et délits, au double point de vue du droit canon et du droit civil. La distinction entre ces diverses parties n'est sans doute pas aussi rigoureuse que celle qui existe dans nos codes français; mais j'ai cru devoir ne pas m'écarter du plan suivi par l'auteur, afin de faciliter les références au texte arabe.

Il ne faut pas chercher ailleurs que dans l'origine des codes musulmans le principal défaut dont ils sont entachés, c'est-à-dire les divergences qui portent tantôt sur le texte de la loi, tantôt sur son application. Ces divergences ont pris naissance dans les différentes décisions rendues par les imâms dans des causes identiques. Quelquefois les traditions qui rapportent des jugements contradictoires ont un degré égal d'authenticité; quelquefois elles sont douteuses, selon le plus ou moins de confiance qu'inspire le rapporteur, soit à cause de la tiédeur de sa foi, soit à cause de ses opinions entachées d'hétérodoxie. Dans ce dernier cas, l'auteur indique les traditions qui lui paraissent mériter peu de confiance; dans le premier cas, si l'authenticité de la tradition ne peut être mise en doute, et si, comme cela arrive quelquefois, il s'agit d'une décision contraire à l'équité, il déclare que l'imâm, en vertu de son infaillibilité, a pu, dans une occasion particulière, prononcer ainsi, en vue de certains motifs qu'il n'a pas cru devoir révéler; mais que son jugement ne saurait être invoqué à titre de précédent. Le défaut que je signale n'est pas sans remède: il suffirait de réunir une commission, qui écarterait les divergences et retrancherait des codes les articles qui ne répondent plus aux besoins de la société moderne. C'est ainsi, par exemple, que l'on pourrait faire disparaître l'inégalité devant la loi qui existe entre les sujets musulmans et ceux qui professent une autre religion.

Quoi qu'il en soit, pendant un séjour de vingt-cinq années, tant en Turquie qu'en Perse, d'abord comme voyageur, ensuite en qualité de chancelier de la légation de France à Téhérân, j'ai été frappé des difficultés que rencontrent souvent les agents européens, à cause de leur connaissance imparfaite des lois musulmanes. Ces difficultés sont surtout sensibles lorsqu'il se présente, entre des Européens et des indigènes, un de ces différends qui, d'après les traités, doivent être jugés par les tribunaux du pays. En Turquie, l'institution des tribunaux mixtes a atténué, jusqu'à un certain point, ces inconvénients; mais en Perse, il n'existe pas de cours de justice, et, les contestations y étant toujours référées au ministre des affaires étrangères, il arrive trop souvent que l'agent européen se trouve embarrassé pour discuter ou repousser une objection fondée sur la loi du pays. Le désir de combler une lacune aussi importante m'a fait entreprendre ce travail, qui, je l'espère, ne sera pas inutile à ceux de mes collègues qui ont à défendre les intérêts de leurs nationaux en Asie. Mon séjour à Téhérân m'a permis de consulter des ouvrages spéciaux, tels que le *Meftâh ol-kélâm*, en quatre volumes in-folio; le *Messâlik ol-efhâm*, en deux volumes in-folio; le *Medjmèt ol-behréyin*, dictionnaire de jurisprudence, etc. Tous ces ouvrages, quoique portant l'empreinte de la scolastique, si chère aux Orientaux, sont remarquables par l'abondance et la variété du contexte, et ils m'ont fourni plus d'une indication précieuse. J'ai, de plus, eu recours aux jurisconsultes de Téhérân, sans l'aide desquels il m'eût été impossible d'élucider quelques points que la concision du texte rendait particulièrement obscurs.

Je prends la liberté d'offrir ici mes remercîments les plus sincères à M. Mohl, membre de l'Institut et professeur de persan au Collége de France. Ce savant éminent, dont les travaux sont justement appréciés en Perse, après s'être livré à un examen approfondi de mon travail, a bien voulu m'en indiquer les côtés faibles et m'a donné le conseil de le soumettre à une révision complète. C'est sur les conclusions favorables du rapport de M. Mohl que le Comité des impressions gratuites et le département des Affaires étrangères ont favorisé la publication de ce livre avec une libéralité que je suis heureux de reconnaître publiquement. Ma reconnaissance n'est pas moins vive pour mon savant ami M. Barbier de Meynard, professeur à l'École des langues orientales, qui a bien voulu spontanément se charger de la correction des épreuves et diriger l'impression. Sans son amicale intervention et son concours dévoué, ce travail eût peut-être longtemps tardé à voir le jour.

Puisse cet ouvrage trouver un accueil bienveillant auprès du public savant et de mes collègues en Orient, auxquels il est spécialement destiné!

A. QUERRY.

L'auteur, en me confiant le soin de diriger l'impression de son ouvrage, m'a remis le texte arabe, qu'il a d'ailleurs traduit avec une fidélité scrupuleuse, et a rendu de la sorte ma tâche plus facile. Grâce à la communication de ce document, quelques retouches indispensables ont pu être introduites dans la traduction sans en altérer le sens général. Dans la transcription des termes juridiques, M. Querry a suivi la prononciation arabe telle qu'elle est usitée en Perse. Quoique cette prononciation diffère sensiblement de celle qui a cours dans les autres pays soumis à la législation musulmane, elle est la seule adoptée par les tribunaux schyites, et l'on ne pouvait s'en écarter sans inconvénient. Afin de faciliter les recherches des orientalistes, tous les termes techniques arabes seront réunis dans un index qui terminera le second volume.

Qu'il me soit permis, à mon tour, de remercier M. Derenémesnil, chef des travaux, et M. Tessier, correcteur à l'Imprimerie nationale, pour la coopération qu'ils ont largement donnée à une entreprise dont je me suis chargé plus encore dans l'intérêt de la science, que pour demeurer fidèle à une amitié de vingt ans. Une longue expérience m'a permis d'apprécier les services rendus à nos travaux par l'habile direction et l'excellent personnel de ce grand établissement, et c'est aller au-devant des intentions de l'auteur que de me faire ici l'interprète de sa gratitude.

B. DE M.

DROIT MUSULMAN.

RECUEIL DE LOIS

CONCERNANT LES MUSULMANS SCHYITES.

PREMIÈRE PARTIE.

DES DEVOIRS RELIGIEUX, العبادات *EL ABÂDÂT.*

LIVRE PREMIER.

DE LA PURIFICATION, الطهارة *EL TEHÂRET.*

PRÉLIMINAIRES.

1. Le terme *purification* s'applique : 1° à l'ablution partielle, 2° à l'ablution complète, 3° à la purification sèche, faites de manière à rendre la prière licite.

2. Chacune de ces trois ablutions se divise en ablutions obligatoires, واجب *vâdjeb,* et en ablutions de simple dévotion, مندوب *mendoûb* [1].

3. L'ablution partielle, الوضوٴ *el vezoû,* est obligatoire avant toute prière d'obligation, avant la procession autour du sanctuaire de la Mekke et avant de toucher le Korân, quand ces deux actes sont eux-mêmes obligatoires. Préalablement à tout acte autre que ceux-ci, cette ablution ne constitue qu'un acte de dévotion.

4. L'ablution complète, الغسل *el ghosl,* est obligatoire dans les trois cas cités à l'article précédent, et, de plus, avant l'entrée dans une mos-

[1] L'omission d'un acte obligatoire est punie parfois d'une peine canonique; en tout cas, elle sera punie par la justice divine; c'est en ceci surtout que les actes obligatoires se distinguent des actes de dévotion.

quée, avant la lecture des versets appelés العزائم *el ézâyi*[1], si cette lecture est obligatoire; en temps de jeûne, pour l'homme souillé d'une pollution séminale, s'il lui reste assez de temps pour terminer cette ablution avant l'aube, et, pour la femme, en temps de jeûne également, après qu'elle s'est assurée, par l'épreuve du coton, de la cessation des menstrues. Préalablement à tout acte autre que ceux-ci, cette ablution ne constitue qu'un acte de dévotion. (Art. 115.)

5. La purification sèche, التيمم *el teyimmom,* n'est obligatoire que dans le cas où le croyant n'a pas le temps nécessaire à l'ablution humide avant une prière obligatoire, et en cas de souillure accidentelle dans le temple de la Mekke ou dans celui de Médine. En tout autre cas, cette purification ne constitue qu'un acte de dévotion. (Art. 134.)

6. La purification peut être rendue obligatoire par un vœu ou par une promesse.

TITRE PREMIER.

DES EAUX, المياه *EL MIYÂT.*

CHAPITRE PREMIER.

DE L'EAU SIMPLE, ماء المطلق *MÂ EL MOTLEK.*

7. Toute substance liquide à laquelle on peut appliquer la dénomination d'*eau* sans aucune addition d'attribut ou de qualité quelconque est pure et propre à faire disparaître toute souillure et toute impureté accidentelle ou volontaire.

8. Les eaux se divisent, selon leur degré probable de pureté, en trois catégories, et dans l'ordre suivant : l'eau courante, l'eau stagnante et l'eau de puits.

9. L'eau courante, ماء الجارى *mâ el djârî,* ne peut être souillée que par l'addition d'une substance impure en quantité suffisante pour altérer une de ses qualités spécifiques, c'est-à-dire la couleur, la saveur ou l'odeur. Cette eau peut recouvrer sa pureté primitive par une nouvelle addition d'eau pure assez abondante pour annuler l'altération survenue.

[1] Ces versets sont ceux des chapitres XXXII, XLV, LIII et XCVI du Korân, et sont récités en cas de frayeur ou dans certaines circonstances particulières.

10. L'eau qui est amenée dans un bain par un canal, et qui vient à être souillée, ne perd pas sa qualité de pureté, si l'altération disparaît par une addition d'eau pure ou par l'effet de l'aération, tant que la dénomination d'eau pure peut lui être appliquée.

11. L'eau stagnante ou contenue dans un réservoir, ماء المحقون *mâ el mehkoûn*, est souillée par le contact ou par l'addition d'une substance impure, toutes les fois que la quantité contenue dans l'étang ou dans le réservoir n'atteint pas un *korr*. L'altération, en ce cas, ne peut disparaître que par l'addition faite à la fois d'au moins un *korr* d'eau pure. Il ne suffit pas de compléter la quantité d'eau déjà souillée en la portant à un *korr*. (Art. 13.)

12. Si la quantité d'eau stagnante atteint le poids d'un *korr* et au-dessus, cette eau perd sa pureté si le contact ou le mélange d'une substance impure a altéré une de ses qualités spécifiques. Cette eau ne peut, en ce cas, recouvrer sa pureté que par l'addition d'un nouveau *korr* d'eau au moins, ou de plusieurs *korr*, jusqu'à complète disparition de l'altération. Cette eau demeure souillée lors même que l'altération viendrait à disparaître par l'aération, par l'addition de substances odorantes ou par le contact de substances pures.

13. Le *korr* الكرّ représente, en poids, douze cents *rotl érâkì*, et, en mesure, trois *eschbâr* et demi cubes[1].

14. Les eaux stagnantes sont celles des étangs, des mares, et celles qui sont contenues dans des bassins et dans des réservoirs quelconques.

15. L'eau de puits, ماء البئر *mâ el ber*, est, de l'accord unanime des légistes, souillée par l'altération d'une de ses qualités spécifiques, causée par le mélange ou par le contact de quelque substance impure.

16. Il existe une divergence quant à la souillure de l'eau de puits par le simple contact ou mélange d'une substance impure qui demeure sans

[1] Il existe une divergence relativement au poids qui sert de base au *korr*: les uns sont d'avis que cette base est le *rotl médìni*, et les autres se prononcent pour le *rotl érâkì*; cette dernière opinion prévaut aujourd'hui. Le *rotl érâkì* se compose de 68 1/4 *miskâl*, poids du commerce en usage aujourd'hui; le *korr* comprend 1200 *rotl érâkì*, ce qui donne en poids du commerce actuel (à 640 *miskâl* ou *batmen* de Tébriz) 127 *batmen* et 620 *miskâl*, équivalant à 393 kilogrammes 120 grammes. Le *schebr* ou empan équivaut à 0m.2245 environ.

effet et ne cause pas l'altération d'une des qualités spécifiques de l'eau; mais l'opinion qui prononce la souillure en ce cas prévaut généralement.

17. Si le puits vient à être souillé par la chute de quelque substance enivrante, de bière, de sperme ou d'un des trois sangs décrits plus loin, selon l'opinion la plus répandue, et si un chameau y a péri, il ne peut être purifié que si on le met à sec. S'il est impossible de vider le puits souillé, on en puisera l'eau pendant tout un jour, du matin au soir, en employant quatre hommes, qui se relèveront, deux par deux, à tour de rôle, de manière à ce que le travail se fasse sans interruption.

18. Si le puits vient à être souillé par la chute d'une bête de somme, cheval, âne ou bœuf, qui y périt, on le purifiera en tirant un *korr* d'eau. (Art. 13.)

19. La purification se fera en tirant : soixante et dix seaux d'eau, si le puits a été souillé par la chute d'une créature humaine, qui y a péri; cinquante seaux, si la souillure est causée par la chute de matières fécales sèches, qui s'y sont dissoutes; — d'après une tradition, le nombre de seaux d'eau à extraire en ce cas serait de quarante à cinquante; — cinquante seaux en cas de mélange d'une quantité abondante de sang, telle que celle qui résulte de l'égorgement d'un quadrupède dont la chair est d'usage licite : — une tradition laisse en ce cas une latitude de trente à quarante seaux : — quarante seaux, si la souillure est causée par la mort, dans l'eau, d'un renard, d'un lièvre, d'un porc, d'un chien, d'un chat, ou de tout autre animal dont il est défendu de manger la chair, et en cas de mélange d'urine d'une personne adulte; dix seaux, en cas de contact de matières fécales qui ne se sont pas dissoutes dans l'eau, ou de mélange d'une faible quantité de sang, telle que celle qui résulte de l'égorgement d'un oiseau, ou d'une hémorrhagie nasale; sept seaux, en cas de chute, dans l'eau, d'un oiseau ou d'un rat qui y a péri et dont le cadavre s'y est décomposé, et en cas de mélange d'urine d'une personne mineure; en cas d'ablution complète dans le puits, à la suite d'une pollution séminale, et en cas de chute, dans l'eau, d'un chien qui en est retiré vivant; cinq seaux, en cas de contact de la fiente des oiseaux scatophages; trois seaux, en cas de chute, dans l'eau, d'un reptile ou d'une souris; un seau, en cas de

chute, dans l'eau, d'un passereau ou d'un oiseau de même grosseur, et en cas de mélange d'urine d'un enfant à la mamelle.

20. L'eau de pluie, ماء المطر *mâ el meter*, contenue dans une mare ou dans un réservoir, qui vient à être souillée par de l'urine, des matières fécales ou la fiente d'un chien, est purifiée par l'extraction de trente seaux.

21. Le seau doit être de la mesure de capacité d'usage dans le pays.

22. Les petits des animaux sont, quant à la souillure qu'ils produisent, assimilés aux animaux adultes de même genre et de même espèce.

23. En cas de souillure produite par des causes différentes, le nombre des seaux d'eau à extraire sera la somme de ceux qui sont déterminés pour chaque espèce de souillure. Il y a divergence sur la nécessité de répéter la purification en cas de répétition d'une même souillure: en principe, la purification doit être proportionnée au nombre des souillures, à moins que l'une de celles-ci ne fasse partie de celles dont la purification est déterminée. Quoi qu'il en soit, la souillure n'est pas aggravée par un plus ou moins grand nombre de corps impurs qui périssent dans l'eau, non plus que par une quantité plus abondante d'un même liquide impur.

24. Dans tous les cas de souillure où le nombre de seaux d'eau à extraire n'est pas déterminé, le puits ou le réservoir doivent être entièrement vidés: s'il est impossible de les vider, on emploiera l'épuisement par quatre hommes, indiqué à l'article 17.

25. Si la souillure a causé l'altération d'une des qualités spécifiques de l'eau du puits ou du réservoir, l'eau devra être puisée jusqu'à ce que toute trace d'altération ait disparu. Quelques légistes sont d'avis que, en ce cas, le puits doit être mis à sec, et que, s'il est impossible de le vider, on doit recourir au procédé indiqué à l'article 17.

26. Il n'est pas permis d'établir un égout à une distance moindre de cinq *zerâ* d'un puits, si ce puits se trouve sur un plan plus élevé que l'égout et si le terrain n'est pas perméable. Si, au contraire, le puits est situé en aval de l'égout, dans un terrain friable, la distance devra être de sept *zerâ* au moins[1].

[1] Le *zer* الذرع légal équivaut à 48 centimètres; le *zer* du commerce est aujourd'hui de $1^{m},04$. Il s'agit ici du *zer* légal; ce qui donne exactement $2^{m},40$ pour la première distance, et $3^{m},36$ pour la seconde.

27. La souillure d'un puits causée par le voisinage d'un égout n'est légalement constatée que par la certitude que les liquides ont, par infiltration, pénétré jusqu'à l'eau. Quand la souillure a été constatée, l'eau du puits ne peut, en aucun cas, servir aux ablutions; mais, en cas de nécessité absolue, cette eau peut être employée à étancher la soif et à préparer des aliments.

28. Dans le doute sur l'état de pureté d'une eau quelconque, on doit s'abstenir d'en faire usage, et, à défaut d'autre eau pure, on aura recours à la purification sèche.

CHAPITRE II.

DE L'EAU COMPOSÉE. ماء المضاف *MÂ EL MOZÂF.*

29. Tout liquide extrait par la pression d'une substance quelconque et toute eau mélangée d'une autre substance ne peuvent recevoir la qualification d'eau simple.

30. De l'accord unanime des légistes, cette eau, quoique pure, ne peut, dans aucun cas, être employée à la purification des souillures accidentelles, ni, en général, à la purification des souillures volontaires; mais elle peut être appliquée à tout autre usage.

31. L'eau composée peut être souillée par le contact ou le mélange d'une substance impure quelconque; en ce cas, elle ne peut être employée dans l'alimentation.

32. Quand à l'eau composée se trouve mélangée une quantité d'eau simple telle que ses composants ne sont plus appréciables, elle est assimilée à l'eau simple.

33. On doit s'abstenir de faire usage, pour les ablutions, d'eau chauffée au soleil dans un vase, et, pour l'ablution d'un cadavre, d'eau chauffée au feu.

34. L'eau qui a servi à l'ablution complète est souillée, que ses qualités spécifiques aient ou n'aient pas été altérées par l'ablution.

35. L'eau qui a servi à la purification après les déjections alvines demeure pure tant que ses qualités spécifiques n'ont pas été altérées, et tant qu'elle n'a pas été en contact avec une substance impure.

36. L'eau qui a servi à l'ablution partielle avant la prière demeure pure et propre à la purification.

37. L'eau qui a servi à la purification après les souillures graves demeure pure; mais on n'admet pas qu'elle puisse être employée pour une nouvelle purification des souillures du même degré.

CHAPITRE III.

DES EAUX QUI ONT ÉTÉ TOUCHÉES ET QUI RESTENT DANS UN VASE, الأسآر *EL ESÂR.*

38. Les eaux qui ont été touchées par un être animé et le reste de celles dont il a bu demeurent pures, pourvu qu'elles n'aient été touchées ni par un chien, ni par un porc, ni par un infidèle. On s'accorde généralement à déclarer pures les eaux qui ont été touchées par des animaux métamorphosés [1].

39. L'eau touchée par une personne professant l'islamisme demeure pure, pourvu que cette personne ne soit ni hérétique ni schismatique.

40. On doit éviter de faire usage de l'eau dont a bu un animal scatophage ou nécrophage, lors même que le bec ou la bouche de cet animal n'aurait contenu aucune substance impure [2]. Cette disposition s'applique de même à l'eau dont ont bu une femme dont la piété n'est pas avérée [3], un mulet, un âne, une souris, un reptile, et à l'eau dans laquelle une scolopendre ou un scorpion aurait péri.

41. L'eau est souillée par la submersion suivie de mort d'un animal à sang chaud.

42. L'eau n'est pas souillée par le mélange d'une quantité de sang inappréciable à la vue; mais il est prudent de considérer ce mélange comme une cause de souillure [4].

[1] المسوخات *el mesoukhât.* Les musulmans désignent sous ce terme le singe, l'éléphant, l'ours, la tortue, etc. Ils croient que ces êtres ont autrefois appartenu à l'espèce humaine, et qu'ils ont été condamnés à revêtir ces formes, en punition de crimes commis par eux.

[2] En ce cas, l'usage de l'eau serait interdit.

[3] Parce que, dans ce cas, on n'est pas certain que cette femme ne se trouve pas en état menstruel.

[4] Nous ferons remarquer que ces dernières dispositions ne s'appliquent qu'aux eaux restées dans un vase où un être animé a bu; il ne saurait être question ici des eaux dont il est traité aux chapitres précédents.

TITRE II.

DE LA PURIFICATION AU MOYEN DE L'EAU, طهارة المائية *TEHÂRET EL MÂIYET.*

43. Cette purification comprend l'ablution partielle et l'ablution complète.

CHAPITRE PREMIER.

DE L'ABLUTION PARTIELLE, الوضوء *EL VEZOU.*

I. — DES SOUILLURES QUI ENTRAÎNENT L'OBLIGATION DE L'ABLUTION PARTIELLE. الاحداث الموجبة للوضوء *EL EHDÂS EL MODJEBÈT LÈL VEZOÛ.*

44. Ces souillures sont au nombre de six: les trois premières sont: l'émission de l'urine, celle des fèces, celle des vents par l'anus.

45. Si les déjections alvines sont émises par une issue au-dessus du nombril, l'émission, selon quelques légistes, constitue une souillure; il est cependant plus probable que cette émission ne constitue pas une souillure.

46. Si l'émission de l'urine ou des fèces a lieu par une issue autre que la voie naturelle, ou si, par suite d'une blessure, l'issue ordinaire étant interceptée, il se forme une issue artificielle, l'émission constitue une souillure.

47. L'émission de l'urine ou des fèces et la métrorrhagie qui ont lieu sans qu'on en ait conscience, par exemple pendant le sommeil, pendant la perte de la connaissance, la cécité, la démence ou l'ivresse, constituent une souillure entraînant l'obligation de l'ablution partielle.

48. L'émission séminale légère provoquée par un regard ou un attouchement lascif, mais sans éjaculation; l'émission du sang par l'anus ou par l'urètre, pourvu que ce sang n'appartienne pas à l'un des trois sangs évacués par les femmes; le vomissement, l'écoulement de l'humeur nasale, l'ablation des ongles ou des poils, l'attouchement des parties génitales ou de l'anus, l'attouchement du corps d'une femme, l'ingurgitation de substances qui ont été soumises à l'action directe du feu[1], et l'émission de toute matière

[1] Telles que la viande ou les châtaignes grillées à la flamme ou sous la braise.

qui a lieu par l'un des orifices naturels, pourvu que cette matière ne contienne aucune partie d'urine ou de fèces, ne constituent pas de souillure.

II. — Dispositions relatives au privé, احكام الخلوة *ehkâm el khelvet.*

Du retrait. التخلّي *et tekhellî.*

49. Pendant l'émission des déjections alvines, les parties génitales doivent être couvertes, et il est recommandé de couvrir de même tout le corps. Il est interdit de se tenir ayant le visage ou le dos tournés dans la direction de la Mekke, soit en terrain découvert, soit dans un lieu couvert. Si dans une maison le privé a été construit de façon à ce qu'on ne puisse éviter d'enfreindre cette disposition, il devra être démoli et reconstruit sur une orientation différente.

De la purification après les déjections. الاستنجاء *el estendjâ.*

50. L'orifice du canal de l'urètre doit, d'obligation, être lavé avec de l'eau et non avec un autre liquide, à moins qu'on ne se trouve dans l'impossibilité de s'en procurer. On doit employer une quantité d'eau égale au moins à celle de l'urine demeurée à l'orifice.

51. L'anus doit être lavé avec de l'eau jusqu'à disparition de toute trace de matière fécale, sans qu'on ait à tenir compte de la disparition de l'odeur. Si quelque partie des déjections demeure attachée à l'anus, l'eau seule doit être employée à la purification. Dans le cas contraire, il est permis de faire usage de pierres, mais l'eau est préférable; il vaut mieux encore se servir d'abord de pierres, puis d'eau pour achever la purification. Dans le cas où l'on fait usage de pierres, on ne doit pas en employer moins de trois, l'une après l'autre. Cela suffit ordinairement pour faire disparaître toute trace de déjection; mais, si cela ne suffisait pas, on devrait en employer un plus grand nombre. On ne doit pas se servir d'une seule pierre, en faisant usage de trois de ses faces, non plus que de pierres ayant déjà été employées à cet usage, ni de quelque substance impure, d'os, de fiente d'animaux desséchée, de substances pouvant servir à l'alimentation, d'objets polis qui puissent glisser sur les matières, sous peine de nullité de la purification faite ainsi.

Des pratiques de tradition à observer ou à éviter au privé, سنن الخلوة SONEN EL KHELVET.

Des pratiques recommandées.

52. En entrant dans le privé, on doit avoir la tête découverte; on prononcera le nom de Dieu, et l'on entrera du pied gauche; lorsqu'on aura fini, on récitera une oraison qui se prolongera pendant la purification, et l'on sortira du pied droit, en récitant une autre oraison.

Des pratiques qu'on doit éviter.

53. On doit éviter de se soulager sur les voies et les places publiques, sous les arbres fruitiers, dans un lieu où les voyageurs ont coutume de se reposer, ainsi que dans tout endroit où cet acte peut attirer sur celui qui l'a commis la malédiction des passants. On doit encore éviter d'exposer au soleil ou à la lune les parties génitales, d'uriner au vent et sur un terrain dur[1], ou sans descendre de sa monture, d'uriner dans l'eau qui ne coule pas sans cesse, sur des substances servant à l'alimentation, dans les liquides potables et sur les plantes qui servent de dentifrice. On doit encore éviter de faire usage de la main droite pour la purification, et l'on doit avoir soin de retirer de la main gauche tout anneau portant le nom de Dieu; on doit aussi s'abstenir de prononcer aucune parole, à l'exception du nom de Dieu ou du verset du trône[2], à moins de nécessité absolue.

III. — Du rite de l'ablution partielle.

54. L'ablution partielle comprend cinq formalités obligatoires : 1° l'intention, النيّة *el niyèt,* c'est-à-dire le désir conçu mentalement d'accomplir un acte obligatoire ou pieux et d'être agréable à Dieu. Il n'est pas indispensable de rappeler le motif qui nécessite l'ablution; mais si l'on ajoute à l'intention de se rapprocher de Dieu celle de se purifier, l'acte n'en sera que plus parfait.

[1] Parce que l'urine, en tombant, pourrait rejaillir sur les vêtements et les souiller. — [2] *Koràn*, chap. II, vers. 256.

55. L'intention doit être formée au moment où l'on se lave les mains; elle ne peut l'être après le moment où l'on se lave le visage, et elle doit persister jusqu'à la fin de l'ablution.

56. Quand la purification a été rendue nécessaire par plusieurs motifs différents, il suffit cependant d'une seule ablution et de l'intention telle qu'elle est définie à l'article 54, sans qu'on doive mentionner aucune spécification. Cette disposition s'applique également au cas d'ablution complète.

57. 2° La lotion du visage, غسل الوجه *ghosl el vedjh*, c'est-à-dire de la partie de la face comprise, en longueur, entre la racine des cheveux sur le front et le menton, et, en largeur, la partie que peuvent embrasser le pouce et le doigt majeur étendus. Toute la partie qui reste en dehors des mesures précitées est présumée ne pas appartenir au visage. Chacun s'en rapportera à sa propre conformation, sans tenir compte du plus ou moins grand développement du front, ni de la longueur plus ou moins grande des doigts.

58. La lotion doit, d'obligation, commencer au haut du visage et se terminer par le menton, sous peine de nullité si l'on procède en sens inverse. Il n'est pas indispensable de laver la partie de la barbe qui dépasse le menton, non plus que l'intérieur; il suffit de laver la partie externe. Cette disposition est encore applicable aux femmes que la nature aurait pourvues de villosités. Il suffit de faire couler l'eau à la surface de la barbe.

59. 3° La lotion des mains, غسل اليدين *ghosl el yedeyin*. Cette lotion est obligatoire pour les avant-bras et doit être faite à partir du coude; elle est nulle, si l'on procède en sens inverse; il est encore obligatoire de commencer par le bras droit.

60. Quiconque est privé de la main et d'une partie de l'avant-bras, doit faire la lotion sur le tronçon à partir du coude.

61. Quiconque est privé de l'avant-bras à partir du coude, est exempté de faire la lotion.

62. Quiconque possède un avant-bras, un ou plusieurs doigts ou quelque partie charnue supplémentaires, est obligé de laver aussi ces parties, toutes les fois qu'elles sont placées au-dessous du coude. Si ces parties supplé-

mentaires sont placées au-dessus du coude, la lotion n'en est pas obligatoire.

63. Quiconque possède un second bras supplémentaire et entier, est tenu, d'obligation, d'en faire la lotion.

64. 4° La friction de la tête, مسح الرأس *mesh el rées.* Il suffit, pour cette friction, de toucher l'endroit voulu; mais il est recommandé de la faire sur une surface large de trois doigts au moins. La friction ne peut être faite que sur la partie antérieure de la tête et pendant que la main est encore humide; car il n'est pas permis de se servir de nouvelle eau. S'il arrivait que l'humidité des doigts se fût évaporée, on se bornerait à les humecter en les passant sur la barbe, les cils ou les sourcils. Au cas où ces parties seraient sèches, l'ablution devrait être recommencée. La friction ne doit être faite que sur la partie antérieure de la tête, et l'on doit éviter de la faire sur l'occiput. Il est interdit de laver l'endroit qui ne doit être que frictionné. La friction peut se faire aussi bien sur les cheveux que sur l'épiderme, mais il est interdit de la pratiquer sur des cheveux d'emprunt, sur un turban ou sur tout autre objet recouvrant l'endroit désigné.

65. 5° La friction des pieds, مسح الرجلين *mesh el redjleyin.* On est tenu, d'obligation, de frictionner les deux pieds, depuis l'extrémité des doigts jusqu'à la cheville. Il est permis de procéder en sens inverse et de commencer indifféremment par l'un ou par l'autre pied.

66. Quiconque est privé d'une partie du pied au-dessous de la cheville, est tenu de frictionner ce qui reste.

67. Quiconque est privé d'une partie du pied au-dessus de la cheville, est exempté de la friction.

68. On est tenu, d'obligation, de frictionner l'épiderme; il est interdit de pratiquer cette friction sur la chaussure, quelle qu'en soit la substance, cuir ou toute autre matière, à moins de faire une restriction mentale, en cas d'absolue nécessité [1]. Mais si, pendant l'opération, l'empêchement vient à cesser, l'ablution doit être recommencée en entier selon le rite prescrit. Quelques légistes sont d'avis que, en ce cas, l'ablution ne doit être répétée

[1] التقية *el tekiyèt.* La restriction mentale est ordonnée à tout schyite qui se trouve en pays hérétique, où l'observation du rite prescrit présenterait du danger.

que si la purification a été motivée par quelque souillure accidentelle: cependant il est préférable de la répéter dans tous les cas.

69. L'ablution partielle doit, d'obligation, être faite dans l'ordre suivant : 1° la lotion du visage; 2° celle de la main droite, suivie de celle de la main gauche; 3° la friction de la tête, répétée trois fois; 4° enfin la friction des pieds. En cas d'interversion intentionnelle ou involontaire de cet ordre, l'ablution doit être entièrement recommencée si l'humidité des mains s'est complétement évaporée: sinon, elle ne le sera qu'à partir du point où l'interversion aura eu lieu.

70. L'ablution doit être faite consécutivement sur les parties du corps déterminées par l'article précédent, et sans interruption, de manière à ce qu'elle soit achevée avant que l'humidité de la première partie lotionnée soit complétement évaporée. On est généralement d'avis que, en l'absence de motif de honte ou de crainte, on doit procéder de manière que l'humidité soit égale sur toutes les parties soumises à l'ablution, et que, en cas de danger, on ne doit tenir compte que de l'état général de l'humidité, sans prendre garde à son intensité plus ou moins grande sur telle partie déjà lavée.

71. Le précepte n'ordonne qu'une seule ablution; on en recommande généralement la répétition: mais ce serait faire acte schismatique que de la renouveler une troisième fois.

72. La friction de la tête et celle des pieds ne peuvent être répétées.

73. L'ablution doit être faite, au minimum, avec une quantité d'eau suffisante pour que, si l'on employait de la graisse, l'opération pût recevoir la dénomination d'*onction*.

74. Quiconque porte, pendant l'ablution, un anneau ou un bracelet, doit procéder de manière que l'eau touche les parties recouvertes par ces ornements; si le bracelet ou l'anneau sont assez larges, il est recommandé de les faire glisser sur le doigt ou sur le bras pendant l'ablution.

74 *bis*. Toute bande d'étoffe ou de toute autre matière qui recouvre une des parties soumises à l'ablution doit être retirée ou humectée de manière que l'eau touche l'épiderme. S'il n'est pas possible de le faire sans inconvénient, il suffit de frictionner légèrement la bande d'étoffe, sans qu'on doive tenir compte de l'état de pureté ou de souillure de la partie recou-

verte[1]. Quelques légistes sont d'avis que, si l'empêchement vient à cesser pendant l'opération, l'ablution doit être recommencée.

75. L'ablution partielle doit être faite personnellement et non par l'intermédiaire d'un autre, à moins d'empêchement absolu.

76. Il est interdit à quiconque se trouve en état de souillure de toucher les caractères du Korân; cette prohibition ne s'étend pas à l'attouchement de la reliure ou des marges du livre saint.

77. Quiconque est affligé d'une incontinence d'urine, est exempté de recommencer l'ablution, ainsi que la prière, en cas de nouvelle souillure.

78. Quiconque étant affligé d'une diarrhée vient à se souiller pendant la prière, est tenu de répéter l'ablution, et reprend la prière à partir du point où il aura dû l'interrompre. Quelques légistes assimilent ce cas à celui de l'article précédent.

Des pratiques de tradition recommandées dans l'ablution partielle.

79. Le vase contenant l'eau qui doit servir à l'ablution sera placé à la droite de la personne qui désire se purifier; elle y puisera de la main droite; elle invoquera le nom de Dieu et récitera une oraison; avant d'être plongées dans le vase, les mains seront lavées une fois, en cas de pollution nocturne ou de souillure urinaire, et deux fois, en cas de souillure par les fèces; la bouche et les narines seront ensuite rincées pendant une oraison mentale, qui se prolongera tout le temps que dureront la lotion du visage et des mains et la friction de la tête et des pieds. Le croyant de sexe masculin lavera la face externe des avant-bras avant la face interne; la femme procédera en sens inverse. L'ablution doit être faite lentement, et l'on évitera de se faire assister et d'essuyer les parties lavées.

Des dispositions relatives à l'ablution partielle.

80. Quiconque est certain de s'être souillé et doute s'il s'est purifié, ou est certain des deux faits, mais ne se rappelle pas lequel a précédé l'autre, doit recommencer entièrement l'ablution.

81. Quiconque est certain d'avoir omis de laver une des parties sou-

[1] En cas de bandage d'une plaie ou d'un ulcère.

mises à l'ablution, reprendra l'opération à partir du point omis, si l'humidité n'est pas encore complétement évaporée: dans le cas contraire, l'ablution sera recommencée en entier.

82. Quiconque, pendant l'ablution, croit avoir omis une des formalités obligatoires, recommencera à partir du point omis.

83. Quiconque, après avoir achevé l'ablution, a quelque doute sur la nature de la souillure ou sur l'omission d'une formalité obligatoire, n'est pas tenu de recommencer.

84. Quiconque a fait la prière, en ayant omis, volontairement, par oubli ou par ignorance, la lotion de l'anus ou de l'orifice du canal de l'urètre après les déjections, est tenu de recommencer l'ablution et la prière.

85. Quiconque a fait une double ablution et se rappelle avoir omis dans l'une d'elles une des formalités obligatoires, ne sera tenu de recommencer ni l'ablution ni la prière, si l'on admet que l'intention de se rapprocher de Dieu est suffisante: mais si l'on admet la nécessité de former l'intention de rendre par l'ablution la prière légale, l'ablution et la prière devront être recommencées. Si chacune des deux ablutions a été suivie d'une prière, une ablution et une prière devront être recommencées, même en adoptant la première opinion [1].

86. Si, dans le cas précédent, il est survenu une souillure accidentelle à la suite d'une des ablutions, sans que le croyant puisse se rappeler laquelle, les deux prières devront être recommencées, si elles sont de même espèce: sinon, le croyant n'en répétera qu'une seule, en formant l'intention voulue et spéciale [2]. Cette disposition s'applique également à quiconque s'est, pendant une des deux ablutions, souillé involontairement, l'a recommencée, a fait la prière, et se rappelle ensuite avoir omis, pendant une des ablutions, une formalité obligatoire.

87. Quiconque s'est acquitté des cinq ablutions et des cinq prières obligatoires, et est ensuite certain de s'être souillé après l'une des ablutions,

[1] En effet, dans ce dernier cas, aucune des ablutions, aucune des prières n'est légale, tandis que, dans le premier cas, une des ablutions ne constituant qu'un acte de simple dévotion, la seconde sera toujours présumée avoir été faite à titre obligatoire.

[2] Une prière peut différer d'une autre par le nombre de *rokèt* et par le temps du jour auquel elle se rapporte.

sans pouvoir préciser laquelle, recommencera trois des prières obligatoires, c'est-à-dire celle de trois *rokèt,* celle de deux *rokèt* et celle de quatre *rokèt.* Quelques légistes se prononcent pour la nécessité de recommencer les cinq prières; mais la première opinion paraît mieux fondée. (Voyez Prière.)

CHAPITRE II.

DE L'ABLUTION COMPLÈTE, الغسل *EL GHOSL.*

88. Les ablutions complètes sont ou obligatoires ou de simple dévotion.

89. L'ablution complète est obligatoire dans six cas : 1° après la pollution séminale; 2° après la menstruation; 3° après la métrorrhagie, si le coton est pénétré par le sang (art. 103); 4° après les lochies; 5° après le contact d'un cadavre humain avant qu'il ait été lavé ou lorsqu'il est déjà rigide; 6° après la mort.

I. — De la pollution séminale, الجنابة *EL DJÉNÂBET.*

90. La pollution séminale peut avoir lieu de deux manières. L'une est causée par l'émission du sperme avec éjaculation accompagnée de spasmes et suivie d'allanguissement corporel; cette pollution rend obligatoire l'ablution complète; le spasme suivi d'allanguissement suffit pour constituer ce genre de pollution, lors même qu'il n'y a pas eu éjaculation. L'autre est causée par l'émission séminale non accompagnée des symptômes qui viennent d'être décrits; cette pollution n'emporte pas l'obligation de l'ablution complète, surtout en cas de doute sur la nature de la substance émise.

91. Toute trace de substance séminale trouvée sur le corps ou sur les vêtements, toutes les fois que ces vêtements n'ont pas été portés par une autre personne[1], nécessite la purification au moyen de l'ablution complète.

92. L'homme qui a approché une femme selon la voie naturelle, de manière à opérer le contact du gland et du clitoris, est obligé de se purifier par l'ablution complète; il en est de même si l'approche a eu lieu par la voie contre nature, lors même qu'il n'y aurait pas eu émission séminale.

[1] C'est-à-dire toutes les fois que l'on n'a pas la certitude ou la présomption que cette substance a été émise par une autre personne.

93. Le sheikh Mortezà, assimilant, dit-il, la sodomie à la bestialité, est d'avis qu'elle emporte l'obligation de l'ablution complète. Cette opinion nous paraît arbitraire, parce que la bestialité, sans émission séminale, n'emporte pas cette obligation.

94. L'infidèle est, en principe, tenu à l'ablution complète quand la cause qui a cet effet chez le musulman vient à se produire chez lui; mais sa qualité d'infidèle le rend incapable de s'acquitter de cette obligation [1]. Si l'infidèle se convertit, il acquiert, par ce fait, la capacité de s'acquitter des devoirs obligatoires, et il est alors tenu aux ablutions complètes dans les cas déterminés.

95. Tout musulman qui, ayant fait une ablution complète, apostasie et rétracte son erreur avant de s'être souillé de nouveau, n'est pas obligé de répéter l'ablution.

Des dispositions relatives à la pollution séminale.

96. Il est interdit à tous ceux qui se trouvent en état de pollution séminale de réciter un des versets *ézâyim*, et, à quelques-uns d'entre eux, de réciter l'invocation qui les précède, dans l'intention spéciale de réciter cette invocation particulière. (Art. 4.) Il est encore interdit, en ce cas, de toucher les caractères du Korân et tout objet sur lequel est inscrit le nom de Dieu, de s'asseoir dans une mosquée, d'y déposer quoi que ce soit, de traverser le temple de la Mekke, et particulièrement la mosquée du Prophète à Médine. Si, par accident, la pollution a eu lieu dans l'un de ces deux sanctuaires, on ne doit pas en sortir avant d'avoir fait la purification sèche. (Art. 5.)

96 *bis*. On doit éviter de prendre des aliments liquides ou solides tant que l'on se trouve en état de pollution séminale: ce n'est qu'une faute légère de se rincer la bouche ou les narines en cet état, et de réciter alors plus de sept versets autres que les *ézâyim* (art. 4); c'est une faute grave d'en

[1] C'est-à-dire que les préceptes du dogme musulman, étant décrétés de toute éternité, sont universels, et que personne n'est, en principe, dispensé de les observer; mais l'infidèle, ayant trahi, soit de son propre mouvement, soit en la personne de ses ascendants, la foi universelle, qui est l'islamisme, perd la capacité d'obéir à ces préceptes, ce qui fait que, en maintes occasions, l'infidèle ne peut profiter des grâces divines.

réciter soixante et dix; au delà de ce nombre, la faute est fort grave, ainsi que de s'endormir en cet état, de toucher la reliure ou les marges du Korân, et de se teindre les ongles avant d'avoir fait, au moins, une ablution partielle.

Du rite de l'ablution complète.

97. Le rite de l'ablution complète se compose de cinq formalités obligatoires: l'intention; la durée de l'intention pendant tout le cours de l'ablution; la lotion de l'épiderme de telle sorte qu'il soit lavé; le dépouillement complet de tout objet qui pourrait mettre obstacle au contact de l'eau avec l'épiderme; enfin l'observation de l'ordre suivant : on commence par la tête, on continue par le côté droit et l'on termine par le côté gauche. On n'est pas tenu de procéder dans cet ordre si l'on immerge le corps soudainement et tout à la fois; cette formalité n'est obligatoire que si l'on procède de toute autre manière.

Des pratiques de tradition recommandées dans l'ablution complète.

98. L'intention doit être formée au moment du lavement des mains, et, au plus tard, au moment du lavement de la tête. Les mains doivent être passées sur toute la surface du corps, et tout objet qui, par sa nature, pourrait mettre obstacle au contact de l'eau avec l'épiderme doit, par précaution, être enlevé. On aura soin d'uriner avant de commencer l'ablution et de se purifier en lavant, à trois reprises, l'espace compris entre le périnée et la racine du pénis, et de là à l'extrémité du méat urinaire, qui sera pressé également à trois reprises; les mains seront ensuite lavées avant d'être plongées dans le vase qui doit servir à l'ablution, et enfin, la bouche et les narines seront rincées.

99. La quantité d'eau employée dans l'ablution complète doit être au moins d'un *sâ*[1].

100. Si, après l'ablution, on découvre sur sa personne quelque trace d'un liquide de nature douteuse, on n'est pas tenu de faire une nouvelle ablution, si l'on a uriné et si l'on s'est préalablement purifié; dans le cas contraire, on doit la recommencer.

[1] Le *sâ* الصاع est un poids de 4 *modd* ou 9 *rotl érâki*, soit, en poids de France, 2948 grammes 40 centigrammes.

101. Quiconque vient à se souiller pendant l'ablution, doit la recommencer. Quelques légistes sont d'avis contraire; mais on s'accorde généralement à reconnaître la nécessité d'une ablution partielle avant la prière.

102. Il est interdit de se faire laver par un autre, à moins qu'on ne se trouve dans l'impossibilité absolue de le faire soi-même, et l'on doit éviter de se faire assister.

II. — De la menstruation. الحيض *el heyz.*

Définition et dispositions générales.

103. L'hémorrhagie menstruelle est celle sur laquelle est basée l'épreuve imposée aux femmes veuves ou divorcées. (Voyez *Divorce.*) Le minimum de quantité déterminant la nature du sang évacué par les femmes est fixé par les articles suivants. Le sang menstruel est généralement noir, épais, et cause, en s'écoulant, une sensation cuisante; il ressemble parfois au sang provenant de la rupture de l'hymen chez les vierges; mais, en ce cas, on peut en reconnaître la nature en introduisant un peloton de coton dans la vulve, et si le peloton s'empreint d'une coloration en forme de cercle, le sang sera présumé provenir de la rupture de l'hymen.

104. L'hémorrhagie survenant chez une fille âgée de moins de neuf ans ne peut être présumée menstruelle. Quelques légistes sont d'avis que ce défaut de présomption est applicable aux femmes, si l'hémorrhagie provient du côté droit de l'utérus.

105. L'hémorrhagie menstruelle ne peut durer moins de trois jours et plus de dix. Dans aucun cas, une femme ne peut être hors de la souillure présumée menstruelle avant l'expiration du troisième jour. Quelques légistes sont d'avis qu'il suffit d'une évacuation pendant trois jours, même avec intermittences se produisant dans un intervalle de dix jours, pour constituer la présomption d'hémorrhagie menstruelle; mais il est préférable de ne baser cette présomption que sur une évacuation durant, sans interruption, pendant trois jours consécutifs.

106. L'hémorrhagie se produisant chez la femme qui a dépassé l'âge de concevoir ne peut être présumée menstruelle. Cet âge est fixé à soixante

ans pour les femmes koreischites et nabatéennes, et à cinquante ans pour toutes les autres[1].

107. L'hémorrhagie survenant chez une femme et cessant dans un délai de moins de trois jours ne peut être présumée menstruelle, que la femme soit déjà réglée, ou éprouve pour la première fois cette hémorrhagie, ou même si cette hémorrhagie n'est qu'accidentelle.

108. Toute hémorrhagie durant au moins trois jours et au plus dix jours, et se produisant chez une personne autre que celles qui sont citées aux articles 104 et 106, sera présumée menstruelle, si elle n'a pas d'autre cause connue, et quelle que soit la nature du sang.

109. La femme est déclarée réglée quand il se produit chez elle une hémorrhagie qui cesse dans un délai d'au moins trois jours et qui se reproduit à des intervalles réguliers, quelle que soit la couleur du sang.

110. La femme déjà réglée doit s'abstenir de la prière et du jeûne à la première apparition du sang.

111. De l'accord unanime des légistes, la femme chez laquelle l'hémorrhagie se produit pour la première fois fera bien, par précaution, de s'abstenir de tout acte religieux jusqu'à l'expiration du troisième jour[2].

112. Toute hémorrhagie qui cesse après le troisième jour et se reproduit avant le dixième est menstruelle[3].

113. Si l'hémorrhagie se prolonge au delà du dixième jour, sa nature sera déterminée par le procédé indiqué à l'article 103.

114. Si l'hémorrhagie a cessé après le troisième jour et ne se reproduit qu'après l'expiration du dixième, la première hémorrhagie constituera une menstruation; mais il peut arriver que la seconde en constitue une nouvelle. (Art. 104 et 113.)

115. Si l'hémorrhagie cesse avant le dixième jour, on introduira un peloton de coton dans la vulve: si le coton ne se tache pas, la femme fera l'ablution; dans le cas contraire, si l'hémorrhagie s'est produite pour la première fois, la femme devra attendre jusqu'à l'expiration du dixième

[1] Koreisch et Nebât sont les noms de deux tribus arabes; le Prophète appartenait à la première.

[2] Afin de s'assurer si l'hémorrhagie est menstruelle ou simplement accidentelle.

[3] C'est-à-dire toutes les hémorrhagies qui pourraient s'être reproduites dans cette période.

jour: si la femme était déjà réglée, elle attendra un jour et même deux jours après l'époque à laquelle cesse ordinairement sa menstruation.

116. Si l'hémorrhagie se reproduit après l'ablution et avant l'expiration du dixième jour, pour cesser avant le onzième, la femme sera obligée de réparer les prières qu'elle aura faites et le jeûne qu'elle aura observé entre l'ablution et la réapparition du sang. (Voyez *Prière*.)

117. Si l'hémorrhagie se reproduit après l'ablution et persiste au delà du dixième jour, la femme ne sera obligée de réparer ni les prières faites ni le jeûne observé depuis l'ablution. (Art. 105.)

118. Le mari peut approcher sa femme après la cessation de l'hémorrhagie menstruelle; mais il doit éviter de l'approcher avant la purification.

119. La femme surprise par la menstruation au moment où la prière est obligatoire, ou pendant la prière, au moment où l'état de pureté est indispensable, sera tenue de réparer cette prière. Si la menstruation ne commence, pendant la prière, qu'après le moment où l'état de pureté est devenu indispensable et après qu'une *rokèt* aura déjà été faite, la prière doit être achevée et demeure valable. En cas de doute, la réparation sera obligatoire. (Voyez *Prière*.)

Dispositions particulières.

120. Il est interdit à toute femme en état menstruel de faire aucun des actes pour lesquels l'état de pureté est obligatoire, tels que la prière, la procession à la Mekke et l'attouchement des caractères du Korân. Elle doit même éviter de porter sur elle le livre saint et d'en toucher les marges. L'état de souillure ne cesse pas avec la menstruation[1].

121. Le jeûne observé par la femme en état menstruel est nul et non avenu.

122. Il est interdit à toute femme en cet état de s'asseoir dans une mosquée; elle doit même éviter de la traverser.

123. Il est interdit à toute femme en état menstruel de réciter un seul mot des *ézâyîm* (art. 4); elle doit éviter de réciter tout autre verset et de

[1] Tant que la femme ne s'est pas purifiée.

se prosterner, si elle lit ou entend lire quelque passage pendant la lecture duquel cet acte est prescrit.

124. Il est interdit à toute femme de recevoir, tant que dure la menstruation, les approches de son mari par la voie naturelle; mais il lui est permis de les recevoir de toute autre manière.

125. Le mari qui aura approché sa femme pendant la menstruation, volontairement et en connaissance de cause, sera passible de l'expiation, fixée à un dînâr, si le fait a eu lieu au commencement de l'hémorrhagie; à un demi-dînâr, s'il se passe vers le milieu, et à un quart de dînâr, s'il a lieu vers la fin[1]. L'expiation n'est pas aggravée par la récidive, si celle-ci a lieu dans un temps où le taux de l'expiation n'est pas plus élevé que celui de l'expiation encourue par la contravention. Cette opinion est contestée. Mais, dans le cas contraire, l'expiation sera répétée et augmentée en cas de récidive, selon le lieu et le temps où la récidive aura été commise. (Voyez *Jeûne*.)

126. La femme approchée par son mari pendant la menstruation, ou avec laquelle il aura continué de cohabiter, ne pourra être divorcée avant la fin du flux menstruel, sous peine de nullité du divorce.

127. Quand le flux menstruel a cessé, la femme est tenue, d'obligation, de se purifier par l'ablution complète, selon le rite déterminé pour la purification de la pollution séminale, avec cette différence que, dans l'espèce, la purification doit, de toute nécessité, être précédée d'une ablution partielle. (Art. 97-102.)

128. Après la cessation des menstrues, la femme est tenue de réparer le jeûne qu'elle aura dû forcément omettre, mais non pas les prières dont elle aura de même dû s'abstenir. (Voyez *Prière*.)

129. Il est recommandé à toute femme en état menstruel de faire l'ablution partielle à l'heure des prières d'obligation, et de se retirer dans son oratoire pendant tout le temps que durerait chacune de ces prières, en récitant le nom de Dieu; elle doit s'abstenir de teindre ses ongles tant que dure la menstruation.

[1] Le *dînâr* d'or ou *miskâl* légal pesait 18 *nokhoud*, soit 360 centigrammes. (Voyez *Taxe des pauvres*, articles 94, 96 et 97.)

III. — De la métrorrhagie. الاستحاضة *el estehâzet*[1].

Dispositions générales.

130. Le sang provenant d'une métrorrhagie est en général jaunâtre, froid, peu consistant, et s'écoule lentement. Quelquefois le sang menstruel se présente sous ces apparences; aussi la métrorrhagie de cette espèce qui se produit pendant la période déterminée pour la durée de la menstruation est-elle toujours présumée menstruelle; dans le cas contraire, elle conserve le caractère de simple métrorrhagie. (Art. 108.)

131. Tout flux de sang durant moins de trois jours et ne provenant ni d'un ulcère, ni d'une blessure, est présumé métrorrhagique.

132. Tout flux de sang se produisant après l'expiration de la durée ordinaire de la menstruation et persistant plus de dix jours; tout flux de sang persistant au delà de la période ordinaire des lochies, ou se produisant pendant la gestation, ou après que la femme a dépassé l'âge de concevoir, ou avant qu'elle ait atteint l'âge de neuf ans, est présumé métrorrhagique.

133. La femme qui, selon les conditions déterminées par les articles 104, 106 et 109, est en état d'être réglée peut l'être de trois manières : elle peut l'être pour la première fois, المبتدأة *el mobtedet;* elle peut l'être régulièrement, ذات عادة مستقرة *zât è âdet mostekerret;* elle peut l'être enfin irrégulièrement, ذات عادة مضطربة *zât è âdet mozterebet.* Il arrive que parfois l'hémorrhagie persiste plus de dix jours, et que, par conséquent, le flux menstruel ne peut être distingué du flux métrorrhagique. Voici comment on doit procéder dans les trois cas précités:

134. Si la femme est réglée pour la première fois, en cas d'hémorrhagie persistant au delà de dix jours, elle s'en rapportera à la nature du sang. S'il présente les caractères indiqués à l'article 103 et s'il les conserve pendant une période de trois jours au moins et de dix jours au plus, il sera présumé menstruel. Si le sang ne présente pas les caractères du sang menstruel, ou si l'évacuation dure moins de trois jours ou plus de dix, il sera

[1] On entend par ce terme tout flux de sang provenant de l'utérus, mais autre que le flux menstruel.

présumé métrorrhagique. Si, pendant tout le cours de l'hémorrhagie, le sang conserve la même couleur, ou s'il ne présente pas les caractères décrits à l'article 103, la femme s'en rapportera, pour la durée de la menstruation, à celle qui est ordinaire aux femmes de sa famille, ou, d'après une autre opinion, à la durée ordinaire des menstrues chez les femmes de même âge dans le pays qu'elle habite, si ces femmes sont à peu près réglées d'une manière uniforme. Si ces femmes sont réglées de telle sorte qu'il soit difficile d'établir la moyenne de la durée de leur menstruation, la femme réglée pour la première fois comptera la période menstruelle à partir des sept derniers jours du mois, jusqu'à l'expiration du troisième jour du mois suivant. Quelques légistes sont d'avis que la période présumée doit s'étendre à la durée ordinaire d'une menstruation; d'autres prétendent que la constatation de la nature du sang évacué suffit, quelle que soit la durée de l'évacuation, toutes les fois qu'elle se fait dans les délais légaux; d'autres, enfin, émettent l'opinion que la femme peut, à son choix, opter pour l'un de ces trois moyens d'évaluation. D'après l'opinion générale, la femme doit adopter le premier procédé, avec faculté de commencer la période à partir des trois derniers jours du mois et de finir à l'expiration du septième jour du mois suivant.

135. La femme déjà réglée s'en rapportera, en cas d'hémorrhagie se prolongeant au delà de dix jours, à la durée ordinaire de sa menstruation, et la période excédant le dixième jour sera présumée métrorrhagique. S'il arrive que le flux métrorrhagique concorde avec la période menstruelle ordinaire, la femme s'en rapportera aux caractères spécifiques du sang évacué. Quelques légistes sont d'avis qu'il suffit de s'en tenir à la durée ordinaire de la menstruation; d'autres soutiennent que la femme a la faculté d'opter entre les deux moyens d'évaluation; mais nous croyons la première opinion mieux fondée.

136. La femme chez laquelle la menstruation s'opère à époque fixe et pendant une durée invariable prendra, comme période menstruelle, en cas d'hémorrhagie persistant au delà de dix jours, la durée ordinaire de sa menstruation, sans avoir égard à l'époque, qui peut être avancée ou retardée, non plus qu'aux caractères apparents du sang.

137. Le flux sanguin qui se produira avant l'époque ordinaire chez

une femme dont la menstruation a ordinairement lieu à époque fixe, et pendant une période invariable, sera présumé menstruel, s'il ne persiste pas au delà de dix jours. Si, au contraire, l'évacuation persiste au delà du dixième jour, celle qui aura eu lieu pendant la période ordinaire sera présumée menstruelle, et celle qui aura précédé l'époque ordinaire sera présumée métrorrhagique. Cette disposition s'applique encore si le flux sanguin ne s'est produit que postérieurement à l'époque ordinaire chez la femme dont la menstruation est régulière.

138. Si le flux sanguin se produit avant l'époque ordinaire de la menstruation et persiste au delà du terme ordinaire, il sera présumé menstruel, s'il ne dure pas plus de dix jours. Dans le cas contraire, l'évacuation pendant le temps qui a précédé et suivi la durée ordinaire de la menstruation sera présumée métrorrhagique, et celle qui a eu lieu pendant la période ordinaire sera présumée menstruelle.

139. Si, chez une femme dont la menstruation s'opère régulièrement une fois par mois et pendant une durée invariable, il se produit, dans le cours du même mois, une seconde hémorrhagie d'égale durée, après que la première aura cessé, toutes deux seront présumées menstruelles. Il en sera de même si, chaque fois, l'hémorrhagie a persisté au delà du terme ordinaire, pourvu qu'elle n'ait pas duré plus de dix jours. Dans le cas contraire, l'évacuation sera présumée menstruelle pendant la durée ordinaire de la menstruation, et métrorrhagique pendant les autres jours.

140. La femme dont la menstruation est irrégulière s'en rapportera, pour déterminer la nature de l'hémorrhagie, aux caractères que présentera le sang, et, à défaut de caractères suffisants, elle devra continuer à s'acquitter de ses prières jusqu'à l'expiration du troisième jour.

141. Si la femme chez laquelle se produit une hémorrhagie chronique se rappelle la durée ordinaire de sa menstruation, mais en a oublié l'époque, elle se conduira comme si elle ne souffrait que d'une métrorrhagie; mais elle devra, chaque mois, se purifier d'après le rite imposé après la menstruation, chaque fois qu'elle aura supputé le nombre de jours que durait sa menstruation, et elle accomplira le jeûne qu'elle aura dû omettre pendant la période présumée menstruelle.

142. La femme qui, atteinte d'une hémorrhagie chronique, se rappelle

l'époque ordinaire de sa menstruation, mais en a oublié la durée, devra se considérer en état menstruel pendant trois jours à partir de celui où commençait ordinairement la menstruation, si elle peut se le rappeler. Si, au contraire, la femme ne se rappelle que le jour où cessait la menstruation, ce jour sera présumé le dernier, et elle devra se considérer en état menstruel pendant ce jour et les deux jours précédents. Pendant le reste du temps, la femme sera présumée en état métrorrhagique, et elle devra, chaque mois, se purifier selon le rite établi pour la purification des menstrues, après l'expiration du délai présumé, et réparer le jeûne qu'elle aura dû omettre pendant les dix jours présumés composer la période menstruelle.

143. Si la femme atteinte d'une hémorrhagie chronique ne se rappelle ni l'époque ni la durée ordinaire de sa menstruation, elle comptera la période menstruelle à partir des dix, sept ou six derniers jours du mois, pour finir au troisième jour du mois suivant.

Dispositions particulières.

144. Le sang métrorrhagique a plus ou moins de consistance: il en résulte que parfois il peut s'infiltrer dans un tampon de coton ou une bande d'étoffe, et que parfois il ne peut pas s'infiltrer. Dans le premier cas, le tampon ou la bande d'étoffe seront renouvelés, et la femme fera une ablution partielle avant chaque prière: une seule ablution avant deux prières serait insuffisante[1]. Dans le second cas, le tampon ou la bande d'étoffe ne seront renouvelés qu'avant la prière du matin, et la femme sera tenue de faire, au même moment, une ablution complète. Si le sang traverse à la fois le tampon et la bande d'étoffe, le linge devra être renouvelé, et la femme sera tenue de faire deux ablutions complètes, l'une avant la prière de midi, qui suffira pour celle de l'après-midi; l'autre avant la prière du coucher du soleil, qui suffira pour celle du soir.

145. Les prières faites par la femme qui, en état métrorrhagique, ne se conformerait pas aux dispositions précédentes, et se conduirait comme si elle était en état de pureté, seraient nulles et non avenues, ainsi que le jeûne qu'elle observerait sans se soumettre aux deux ablutions complètes obligatoires.

[1] Contrairement à ce qui a lieu en cas ordinaire.